Selcuk Firat

Grundlagen des Risikomanagements

Anwendung von betriebswirtschaftlichen Vorgängen in kritischen Unternehmenslagen

Theoretischer Beitrag zur praktischen Anwendung

Selcuk Firat

Grundlagen des Risikomanagements

Anwendung von betriebswirtschaftlichen Vorgängen in kritischen Unternehmenslagen

Theoretischer Beitrag zur praktischen Anwendung

Bibliografische Information der Deutschen
Nationalbibliothek:
Die Deutsche Nationalbibliothek verzeichnet diese
Publikation in der Deutschen Nationalbibliografie;
detaillierte bibliografische Daten sind im Internet über
http://dnb.dnb.de abrufbar.

Verlag: BoD · Books on Demand GmbH,
In de Tarpen 42, 22848 Norderstedt
Druck: Libri Plureos GmbH,
Friedensallee 273, 22763 Hamburg
ISBN: 978-3-7693-1964-4

Inhaltsverzeichnis

I Vorwort

Ich freue mich, mein neues Buch vorzustellen, das Ihnen als Impulsgeber dienen soll. Mein Ziel ist es, Sie dazu zu inspirieren, sich weiterzubilden und Ihr Wissen zu erweitern. Ich bin davon überzeugt, dass dieses Buch Sie dazu ermutigen wird, neue Ideen zu entwickeln und Ihr Potenzial auszuschöpfen.

Trotz aller Bemühungen sieht die finanzielle Lage schlecht aus. Die Kunden werden kritisch und die Insolvenz droht. Was kann getan werden?

Zur Vorsorge und Bewältigung von Krisen ist es erforderlich, die internen und externen Risiken zu identifizieren und zu gewichten. Anschließend können das Controlling und die Risikoprüfung angewandt und eine langfristige Strategie ausgearbeitet werden. Das Buch richtet sich dabei an Unternehmen, welche rote Zahlen schreiben, als auch an diejenigen, die Liquiditätsengpässe vorbeugen und laufende Kosten decken möchten. Für die praxisnahe

Anwendung wird ein formelgestützter Leitfaden dargestellt, welcher als Orientierung und Handlungsempfehlung dient.

Zur besseren Lesbarkeit wird in diesem Buch das generische Maskulinum verwendet. Die in diesem Buch verwendeten Personenbezeichnungen beziehen sich auf alle Geschlechter.

1 Definition und Aufgaben des Risikomanagements

Das Risikomanagement ist ein Teil der strategischen Unternehmensplanung, der Regelkonformität und des Qualitätsmanagements. Es dient der systematischen Erfassung und Bewertung von Betriebsrisiken und soll entsprechend dazu beitragen, Schäden vom Unternehmen abzuwenden und Folgen aus unplanbaren Ereignissen zu minimieren bis zu vermeiden. Zum Rahmenwerk zählen die Führungs- und Verpflichtungsverantwortung, die Organisationsintegration, die Zuweisung von Rollen, Aufgaben und Befugnissen sowie die Ressourcenzuordnung.

Die Einführung des Risikomanagements erfolgt über die vier Schritte Implementierung, Bewertung, Verbesserung und Anpassung. Im späteren Prozess geht es darum, die Risikokriterien für den internen und externen Kontext festzulegen. Dabei wird zwischen den Risikofeldern und den Risikofaktoren differenziert. Erstes umfasst die Bereiche eines Unternehmens, in denen Risiken zu erwarten sind und zweites benennt konkrete

Einheiten, die zu riskanten Unternehmenssituationen führen können. Anschließend geht es um die Identifikation, Analyse und Bewertung der Risiken mit anschließender Ergreifung von Maßnahmen und Plänen. Dabei werden die Eintrittswahrscheinlichkeit und das Ausmaß der spezifischen Risikofaktoren inkludiert. Die Effekte und Ergebnisse werden geprüft, dokumentiert und im Idealfall mithilfe einer geeigneten Risikostrategie langfristig verbessert. Die Handhabung des Risikomanagements erfolgt i. d. R. über Fachabteilungen oder speziell eingerichtete Bereiche. Die Verantwortung obliegt jedoch der Geschäftsführung.

1.1 Identifikation von internen Risiken

Im Rahmen des Risikomanagements inkludieren die internen Risiken diejenigen Risiken, welche innerhalb des Unternehmens auftauchen. Es gilt, die wesentlichen internen Risikofelder mit ihren Faktoren zu nennen.

Die Unternehmensorganisation schaut auf die Optimierung von Hierarchien, Zuständigkeiten und Kommunikationswege. Die Unternehmensprozesse umfassen die konkreten Prozesse vom Einkauf bis hin zum Verkauf und inkludieren zudem die internen Arbeitsanweisungen. Risiken im Zusammenhang mit dem Sortiment und Produktportfolio notieren Zielabweichungen bezüglich der Wettbewerbs- und Branchensituation, der Marketingmaßnahmen und der Produkthaftung. Das Finanzfeld betrachtet relevante Kennzahlen bezüglich Umsatz, Gewinn, Bonität und Liquidität. Es folgt die IT, welche potentielle Risiken in den Systemen und in Bezug auf den Datenschutz identifiziert. Ebenfalls wird das Personalrisiko mit Qualifizierung, Arbeitsschutz und Personalbeschaffung überwacht.

Weiterführend geht es um verschiedene Instrumente und Analysen zur Erkennung von internen Problemen.

1.1.1 Due Diligence

Die Due Diligence bezeichnet die detaillierte und systematische Analyse von qualitativen sowie quantitativen Daten und Informationen eines Unternehmens zur Ermittlung des Unternehmenswerts. Bei der Prüfung werden die Bereiche Finanzen, Steuern, Recht, operative Vorgänge, Marktposition, technologischer Stand, Umweltaspekte, Personalwesen und immaterielle Vermögenswerte einbezogen, um die größtmögliche Transparenz zu schaffen und asymmetrische Informationen zu beseitigen.

Bei der Ertragswertermittlung wird das Kapital ermittelt, zu dem ein Unternehmen erworben oder zu dem das Geld am Kapitalmarkt angelegt werden kann, z. B. bei Unternehmensbeteiligungen. Dabei ist ausschlaggebend, dass der Gewinn eine angemessene Verzinsung in Bezug auf das eingesetzte Kapital darstellt.

Nach dem reinen Verfahren wird dabei der Barwert aller zukünftigen Einnahmenüberschüsse zugrunde gelegt und die zukünftigen Prämissen mit dem Kapitalisierungszinsfuß ermittelt.

$$Kapital = \frac{Zinsbetrag}{Kapitalverzinsung * 100}$$

Beim Substanzwertverfahren werden alle Kosten addiert, die mit der Reproduktion des Unternehmens anfallen würden. Dazu zählt der gegenwärtige Wert aller materiellen, immateriellen und betriebsnotwendigen Vermögenswerte mit Einbezug von Zustand, Nutzungs- und Lebensdauer. Anschließend werden die Schulden und Verbindlichkeiten abgezogen.

Zur Bemessung des Liquiditätswertes werden die Verkaufserlöse der Wirtschaftsgüter geschätzt. Der Wert stellt dabei die Wertuntergrenze des Unternehmens dar, da wertsteigende Faktoren überwiegend unberücksichtigt bleiben.

Zusätzlich kann der EBIT herangezogen werden, welcher bei der Ermittlung Unternehmenswertes am Markt eine Rolle spielt. Das operative Ergebnis resultiert dabei aus den Erträgen vor Zinsen und Steuern, welche mit dem Umsatz ins Verhältnis gesetzt werden.

Des Weiteren berücksichtigt die Due Diligence bei der Ermittlung des Unternehmenswertes die Branchenstruktur, das Belegschaftsformat sowie den Investitionsbedarf.

In ihrer ganzheitlichen Anwendung als laufend wiederholte Analyse wird die Due Diligence als Führungsinstrument angesehen und kann außerordentlich vielseitig angewandt werden.

1.1.2 Bilanzanalyse

Die Bilanzanalyse dient der Untersuchung der wirtschaftlichen Unternehmenslage auf Basis von Bilanz und GuV. Das Bewertungsverfahren soll Aufschluss über die Vermögens-, Finanz- und Ertragslage geben.

Die Vermögenslage lässt sich über die Eigen- und Fremdkapitalquote darstellen. Zudem kann der Verschuldungsgrad ermittelt werden.

$$EK\text{-}quote = \frac{Eigenkapital}{Gesamtkapital} * 100$$

$$FK\text{-}quote = \frac{Fremdkapital}{Gesamtkapital} * 100$$

$$Verschuldungsgrad = \frac{Fremdkapital}{Eigenkapital} * 100$$

Für die Finanzlage geht es an die Deckungs- und Liquiditätsgrade. Während erstes auf die goldene Bilanzregel setzt mit der Forderung nach einer langfristigen Deckung des Anlagevermögens durch das Kapital, geht es bei dem Liquiditätsgrad um die Messung der Zahlungsfähigkeit und der langfristigen Absicherung.

$$Deckungsgrad\ 1 = \frac{Eigenkapital}{Anlagevermögen}$$

$$Deckungsgrad\ 2 = \frac{Eigenkapital + langfristiges\ Fremdkapital}{Anlagevermögen}$$

$$Deckungsgrad\ 3 = \frac{Langfristiges\ Kapital}{Anlagevermögen + Vorräte}$$

$$Liquidität\ 1.\ Grades = \frac{Liquide\ Mittel}{Kurzfristiges\ Fremdkapital}$$

$$Liquidität\ 2.\ Grades = \frac{Liquide\ Mittel + Forderungen}{Kurzfristiges\ Fremdkapital}$$

$$Liquidität\ 3.\ Grades = \frac{Umlaufvermögen}{Kurzfristiges\ Fremdkapital}$$

Die Ertragsanalyse bemisst den Unternehmenserfolg und die Rentabilität. So werden zunächst die betrieblichen, außerbetrieblichen, ordentlichen und außerordentlichen Erfolge bemessen, um das Kerngeschäft und besondere Erfolgseinflüsse zu gewichten. Bei der Rentabilitätsmessung wird zwischen der Eigenkapital-, Gesamtkapital- und Umsatzrentabilität unterschieden, um jeweils die Verzinsung des Gewinnes zu identifizieren.

$$Eigenkapitalrentabilität = \frac{Gewinn}{Eigenkapital} * 100$$

$$Gesamtkapitalrentabilität = \frac{Gewinn}{Gesamtkapital} * 100$$

$$Umsatzrentabilität = \frac{Gewinn}{Umsatz} * 100$$

Der Cash-Flow beschreibt den Geld- und Kapitalfluss des Unternehmens innerhalb einer bestimmten Periode und informiert über die Finanzkraft.

Cash-Flow aus laufender Geschäftstätigkeit =
   Zahlungswirksame Erträge
   − zahlungswirksame Aufwendungen

Unter Einbezug der Investitionen und Finanzierungen kann zudem der Cash-Flow aus Investitions- und Finanzierungstätigkeiten ermittelt werden.

Cash-Flow aus Investitionstätigkeiten =
     Investitionseinzahlungen
          − Investitionsaufwand

Cash-Flow aus Finanzierungstätigkeiten =
Auszahlungen für Darlehen (neue Schulden)
− Tilgungen von Darlehen

Die Summe aus den drei Cash-Flows führt zum gesamten Cash-Flow, auch Netto-Cash-Flow genannt.

1.1.3 Kostenstrukturanalyse

Langfristig ist es für die Beständigkeit eines jeden Unternehmens relevant, dass die Erträge die Kosten decken. Zur strategischen Kostenstrukturanalyse gehört dabei sowohl die Ermittlung der Kostensituation als auch die Identifikation verfügbarer Kostensenkungsansätze.

Hierbei werden auf Vollkostenbasis die Gesamtkosten eines Unternehmens auf die einzelnen Kostenträger des Geschäftssystems aufgeteilt. Im nächsten Schritt gilt es, die Kostentreiber zu identifizieren. Hierzu zählen z. B. die Produktivität, die Anzahl an Modellen, die Auftragsgröße, die Auslastung, die Technologien, die Mitarbeiteraufwendungen, die Standorte und die Informationssysteme. Zuletzt gilt es, die Qualität der einzelnen Kostentreiber und mögliche Wechselwirkungen zu identifizieren. Erst im Anschluss können Empfehlungen zur innerbetrieblichen Kostenreduktion gegeben werden. Möglicherweise bedarf es auch einer Neugestaltung des Geschäftssystems.

Im Rahmen der Teilkostenrechnung ist es notwendig, die Kosten hinsichtlich ihrer Einflussgröße zu differenzieren. Während sich die Fixkosten bei Beschäftigungsveränderungen innerhalb des Unternehmens nicht verändern, unterliegen die variablen Kosten im Zeitverlauf Schwankungen. Da die Kosten in der Praxis von verschiedenen Einflussgrößen abhängig sind, beziehen sich die Kostenverläufe immer konkret auf eine Sachlage. Die Intervallsbeschränkung erlaubt die genaue Beschreibung der Schwankungsausprägung, also in welchem Rahmen Kosten schwanken dürfen, bevor Maßnahmen ergriffen werden.

Der Deckungsbeitrag (DB) wird herangezogen, um zu erklären, inwieweit eine Mengeneinheit bzw. ein Bereich zur Deckung der Fixkosten und zur Gewinnerzielung beiträgt und wann ein Kostenbereich kritisch ist. Dabei stehen die variablen Kosten im Vordergrund und das unternehmerische Nettoergebnis wird ausgewiesen.

Deckungsbeitrag =
Nettoverkaufserlöse − variable Kosten

Der Erzeugnisdeckungsbeitrag, auch Stückdeckungsbeitrag genannt, ist eine betriebswirtschaftliche Kennzahl, die den Beitrag eines einzelnen Produkts oder Erzeugnisses zur Deckung der fixen Kosten eines Unternehmens beschreibt. Er zeigt an, wie viel vom Verkaufspreis eines Produkts nach Abzug der variablen Kosten (also der direkt mit der Produktion und dem Verkauf verbundenen Kosten) übrig bleibt, um die fixen Kosten zu decken und zum Gewinn beizutragen. Aufbauend auf dem Erzeugnisdeckungsbeitrag können schließlich die Deckungsbeiträge für Produktgruppen, Unternehmensbereiche und Gesamtunternehmen aufgezeigt werden. Das Betriebsergebnis lässt sich berechnen, indem die gesamten fixen Kosten vom Deckungsbeitrag abgezogen werden.

Betriebsergebnis =
Deckungsbeitrag − Fixe Kosten

Als weitere Entscheidungsgrundlage kann der Break-Even-Point herangezogen werden. Dieser liegt bei der Ausbringungsmenge, bei der die Stückkosten dem Stückerlös bzw. die Gesamtkosten dem Gesamterlös entsprechen. Man spricht in diesem Fall auch von der Gewinnschwelle.

Gewinnschwelle =
Fixkosten − Deckungsbeitrag pro Stück

Die Gewinnschwelle gibt an, wie viele Einheiten eines Produkts verkauft werden müssen, damit das Unternehmen alle Kosten decken kann, ohne Verluste zu machen.

Im Bereich der Teilkosten stellt sich die Frage nach der angestrebten Fertigungstiefe. Es geht dabei nicht um deren Reduzierung, sondern um das Ausmaß der Fertigungstiefe, das im Zusammenhang mit der Entscheidung für 'Make-or-Buy' steht. Hierbei werden zwei Kostenfaktoren gegenübergestellt: die Kosten der Eigenfertigung (Make) und die Kosten des Fremdbezugs (Buy).

Erklärung:

Teilkostenrechnung: Die Teilkostenrechnung berücksichtigt nur variable Kosten, um wirtschaftliche Entscheidungen zu treffen, wie z. B. ob eine Produktion intern erfolgen soll (Make) oder ob externe Lieferanten günstiger sind (Buy).

Fertigungstiefe: Dies bezieht sich darauf, wie viele Produktionsstufen oder Prozesse ein Unternehmen selbst übernimmt (hohe Fertigungstiefe) oder wie viel an externe Lieferanten vergeben wird (geringe Fertigungstiefe).

Make-or-Buy: Dies ist die klassische Entscheidung, ob ein Unternehmen ein Produkt oder eine Komponente selbst herstellen soll („Make") oder es von einem externen Anbieter beschafft („Buy").

Gegenüberstellung von Kostenfaktoren: Bei der Make-or-Buy-Entscheidung vergleicht man die Kosten der Eigenfertigung (inkl. aller variablen und fixen Kosten) mit den Kosten des Fremdbezugs. Das Ziel ist es, herauszufinden, welche Variante kostengünstiger und effizienter ist.

Bei einer geringen Spezifität der Investitionen, einer geringen Häufigkeit der Transaktionsdurchführung und einer geringen Unsicherheit durch opportunistisches Verhalten wird die Organisationsform des Marktes gewählt, da in diesem Fall ein Fremdbezug die kostengünstigere Alternative darstellt.

Erklärung:

Geringe Spezifität der Investitionen: Wenn die Investitionen, die für die Transaktion erforderlich sind, nicht speziell auf einen bestimmten Partner oder eine spezifische Ressource zugeschnitten sind (also keine spezifischen Investitionen vorliegen), ist es einfacher, auf dem Markt zu agieren, da die Bindung an einen bestimmten Lieferanten oder Partner gering ist.

Geringe Häufigkeit der Transaktionsdurchführung: Wenn Transaktionen nur selten durchgeführt werden, lohnt es sich nicht, eigene Strukturen aufzubauen, da die Kosten dafür zu hoch wären. Stattdessen ist es effizienter, den Markt zu nutzen.

Geringe Unsicherheit durch opportunistisches Verhalten: Wenn das Risiko, dass Geschäftspartner opportunistisch handeln (z. B. durch Vertragsbrüche oder Informationsasymmetrien), gering ist, ist der Markt eine sichere Option.

Markt als Organisationsform: Der Markt wird als bevorzugte Organisationsform gewählt, weil unter den genannten Bedingungen der Fremdbezug günstiger ist als die Eigenproduktion. Das bedeutet, dass es sich für das Unternehmen nicht lohnt, selbst in Produktion oder Dienstleistungen zu investieren, wenn der Markt diese günstiger anbieten kann.

Die Eigenherstellung wird umgesetzt, wenn sie als günstigere Bezugsquelle im Vergleich zum Markt angesehen wird. Dies ist häufig der Fall, wenn eine hohe Spezifität der Investitionen, eine hohe Häufigkeit der Transaktionen und eine große Unsicherheit aufgrund opportunistischen Verhaltens vorliegen.

Die langfristigen Auswirkungen der Kosten auf die Rentabilität werden im Kostenstellenblatt analysiert. Dieses dient der Kostenplanung und -kontrolle. Dazu werden zunächst die Istkosten ermittelt, und Durchschnittswerte unter den Plankosten festgehalten. Anschließend werden die Abweichungen zwischen den Ist- und Plankosten dargestellt.

Erklärung:

Kostenstellenblatt: Ein Kostenstellenblatt dient der Planung, Kontrolle und Überwachung der Kosten innerhalb der einzelnen Kostenstellen eines Unternehmens. Es stellt sicher, dass die Kosten kontrolliert und gesteuert werden können.

1.1.4 Preisstrukturanalyse

Die Analyse der Preisstruktur ist dazu da, die unterschiedlichen Preise von Angeboten hinsichtlich ihres einbringenden Gewinnes zu überprüfen. Dazu werden die Herstellungs-, Verwaltungs- und Vertriebskosten vom Barverkaufspreis abgezogen.

$$Gewinn =$$
$$Barverkaufspreis - Selbstkosten$$

Optimalerweise ist der Gewinn eines jeden Angebotes positiv, sodass alle Kosten durch den Verkaufspreis gedeckt sind.

Langfristig müssen neben den fixen Kosten auch die variablen Kosten gedeckt werden. Hieraus folgt die langfristige Preisuntergrenze (LPU).

$$LPU =$$
$$Variable\ Kosten + fixe\ Kosten$$

Die kurzfristige Preisuntergrenze (KPU) ergibt sich bei dem Preis, bei dem die variablen Kosten gedeckt sind, auch wenn die fixen Kosten noch nicht gedeckt werden können. Denn kurzfristig genügt es, wenn der abnehmbare Verkaufspreis in Höhe der variablen Stückkosten liegt.

KPU =

Variable Kosten

Die Höhe des Verkaufspreises kann dabei frei ausgestaltet werden, wobei sich die Preisrelationen in den Kosten- und Leistungsunterschieden wiederfinden sollten. Die Unternehmen können sich dabei an die verschiedenen Preisstrategien wenden:

Bei der Preispositionierung steht die Festlegung der Preishöhe im Fokus. Die Niedrigpreisstrategie ist für Produkte angelegt, die eine Mindestqualität erfüllen. Entsprechend fällt der Gewinn kleiner aus, zugleich sinken aber auch die Stückkosten unter anderem aufgrund der hohen Ausbringungsmenge. Mittlere Preise verfolgen eine Standard-Qualität. Bei der Hochpreisstrategie legt das Unternehmen die Preise für seine Produkte auf einem hohen Niveau fest, die die Qualität wiederspiegeln sollen. In der Regel entstehen bei hochwertigen Produkten auch höhere Kosten für den Hersteller.

Die dynamischen Preisstrategien setzen hingegen auf die Marktabschöpfung und -durchdringung. Bei der Skimming-Strategie werden zur Markteinführung sehr hohe Preise definiert, welche im Zeitverlauf gesenkt werden. Die Preisabfolge soll die Entwicklungs- und Herstellkosten schnell auffangen. Die Penetrationsstrategie verhält sich umgekehrt mit dem Ziel, dass durch die Preisattraktivität eine hohe Nachfrage erreicht wird und die Konkurrenz in der Nachahmung keinen Wettbewerbsvorteil sieht.

Daneben ist die Erfahrungskurve einzubeziehen, welche auf eine konstante Senkung der variablen Kosten setzt, sofern die Produktionsmenge erhöht wird. Das Konzept baut auf vier Aspekte auf: Mit einem hohen Produktionsvolumen kann sich das Unternehmen intern spezialisieren. Die Produktion kann standardisiert werden und es ergibt sich eine laufende Optimierung der Prozesse und Produkte. Die hohen Liefermengen führen zu einer großen Nachfragemacht gegenüber den Lieferanten, sodass günstige Einstandspreise resultieren und höhere Gewinne realisiert werden können.

Bei der Preisausgestaltung ist das Marktgeschehen mit Nachfrage und Wettbewerb zu beobachten. Aufgrund von gegebenen Veränderungen ist es unabdingbar, dass wiederkehrende Anpassungen der Preisstruktur erfolgen. Die Preisentwicklung kann dabei mit dem Durchschnittspreis dargestellt werden.

$$Durchschnittspreis = \frac{Gesamterlös}{Verkaufsmenge}$$

1.1.5 FMEA

Die Failure Mode and Effects Analysis (FMEA) ist ein Vorgehensmodell zur Unterstützung bei Entwicklungsprozessen. Es geht darum, interne Systeme, Prozesse und Designs zu optimieren, indem Fehler frühzeitig erkannt und vermieden werden. Damit soll eine maximale Qualität in Prozess und Produkt erreicht werden.

Der Ablauf der Analyse findet über mehrere Schritte statt. Zunächst wird die zu analysierende Komponente in seine Funktionen unterteilt und eine Struktur erstellt. Anschließend werden die Funktionen mit ihren Wechselwirkungen betrachtet und potentielle Fehlerquellen identifiziert. Auf Basis der Bewertung werden geeignete Maßnahmen zur Vermeidung, Erkennung und Kompensation der Fehler erarbeitet.

Bei der präventiven Analyse findet die FMEA parallel und fortlaufend zum neu eingeführten Prozess statt. Die korrektive FMEA ist eine rückwärts gerichtete Betrachtung aller Komponenten eines Systems und wird eingesetzt, um entdeckte Fehler rückwirkend zu analysieren. Letztes wird dabei nur angewandt, wenn das potentielle Risiko und damit auch die Risikoprioritätszahl (RPZ) hoch ist.

*Risikoprioritätszahl =
    Auftrittswahrscheinlichkeit
* Schweregrad
* Entdeckungswahrscheinlichkeit*

Die Ausgabe kann Zahlen zwischen 1 und 1.000 annehmen. Je höher der RPZ-Wert ausfällt, desto inakzeptabler ist das Risiko und desto dringender ist der Handlungsbedarf.

Erfolgreiche Umsetzungen von Maßnahmen geben bei der erneuten Analyse einen geringeren RPZ aus. Die Differenz beider RPZ-Werte gibt das Qualitätsverbesserungsmaß des Prozesses an.

Die Dokumentation von Fehler, Ursache und Maßnahme dient der Verbesserung von weiteren Prozessen und der Unterstützung bei ähnlichen Risiken. So können langfristig Kosten gesenkt und die Produktqualität verbessert werden.

1.2 Analyse von externen Risiken

Nach der Vorstellung und Handhabung der unternehmensinternen Risiken, geht es mit den externen Risiken weiter, welche als äußere Einflüsse auf das Unternehmen einwirken. Das Risikomanagement konzentriert sich dabei insbesondere auf die folgenden fünf Risikofelder:

Das politische Risikofeld konzentriert sich auf die einhergehenden Auswirkungen durch die Wirtschaftspolitik und Globalisierung. Das Recht befasst sich mit dem Vertragsrecht, dem Gesellschaftsrecht, dem Patentrecht und den Steuern. Im Rahmen der Umwelt geht es um die Abfallpolitik, das Recycling und die Umweltbelastung. Zu den technologischen Risikofaktoren gehören neue Technologien und der Wissenstransfer. Zuletzt folgen die Medien mit Online-Bewertungen und Berichterstattung.

Nachfolgend geht es mit den Umfeldanalysen weiter, die einen Beitrag zur Identifizierung von externen Risiken leisten.

1.2.1 PESTEL-Analyse

Die PESTEL-Analyse ist ein Instrument zur strategischen Klassifizierung der externen Kräfte, die auf ein Unternehmen einwirken können. Die Umfeldanalyse unterstützt dabei, herauszufinden, welche externen Einwirkungen auf die Unternehmensstrategie stattfinden können. Die Abkürzung stützt sich dabei auf die Anfangsbuchstaben der sechs zentralen Faktoren Political, Economic, Social, Technological, Environmental und Legal.

Das politische Verständnis inkludiert die Gesetzgebung, Außenpolitik, Handelspolitik, Steuerregelungen, Subventionen und die Stabilität des politischen Systems.

Die wirtschaftlichen Einflussfaktoren umfassen das Wirtschaftswachstum, die Bevölkerungsanzahl, das Zinsniveau, die Inflationsrate, das Bildungsniveau, die Wechselkurse, den Handel, das Steuersystem, die Kaufkraft, die Arbeitslosigkeit, die Importgeschäfte und die Exportgeschäfte.

Zu den soziokulturellen Einflussfaktoren zählen das Alter der Bevölkerung, die soziale Schicht, die Sprachkenntnisse, das Bildungsniveau, die Werte, die Religion, das Rollenverständnis, die demografische Entwicklung, der Lebensstil, die Mobilität und das Kaufverhalten.

Zum technologischen Einfluss zählen die Faktoren Informationstechnologie, Kommunikationstechnologie, Logistik, Infrastruktur, Energieversorgung, Digitalisierung, Forschungsmittel sowie staatliche und private Forschungs- und Entwicklungsausgaben.

Die ökologischen Einflussfaktoren meinen die Umweltauflagen, die Emissionen, das Klima, die Infrastruktur, die Rohstoffverfügbarkeit, das bewusste Konsumverhalten, den Verbrauch, das Recycling und die Entsorgung.

Rechtliche Einflussfaktoren werden definiert durch die Gesetzgebung, das Wettbewerbsrecht, das Umweltrecht, das Kartellrecht, das Steuerrecht, das Arbeitsrecht, das Rechtssystem, das Rechtsbewusstsein und die Produkthaftung.

Die PESTEL-Analyse trägt dazu bei, dass die Unternehmensstrategie verfeinert werden kann. Eine regelmäßige Durchführung trägt dazu bei, dass das Unternehmen adäquat auf sich verändernde Rahmenbedingungen reagieren kann.

1.2.2 Porters Five Forces

Das Fünf-Kräfte-Modell von Michael Porter bietet eine überzeugende Sichtweise darauf, wie ein Unternehmen in einer bestimmten Branche einen Wettbewerbsvorteil erzielen kann, indem es die fünf zwingenden Kräfte der Branche nutzt. Hierzu gehören die Verhandlungsmacht der Käufer, die Verhandlungsmacht der Lieferanten, die Rivalität zwischen den bestehenden Konkurrenten, die Bedrohung durch neue Marktteilnehmer sowie die Bedrohungen durch Substitute und Ersatzstoffe. Je ungünstiger die fünf Kräfte ausgeprägt sind, desto schwieriger ist entsprechend die Erzielung eines nachhaltigen Wettbewerbsvorteils. In der Folge müssen die Unternehmen zunächst versuchen, ihre Tätigkeit in attraktiven Branchen auszuüben und anschließend geht es um die Verteidigung der Position.

Der Ansatz nach Porter stellt das strategische Management als eigenständige wissenschaftliche Disziplin dar. Zurückgegriffen wurde dabei auf Grundlagen, die auch in der Industrieökonomie vorzufinden sind. Das Modell soll damit die Ursachen und Auswirkungen des Wettbewerbs innerhalb von Branchen erklären. Im Fokus stehen dabei insbesondere die Fragen nach dem Einfluss verschiedener Konzentrationsgrade auf den Wettbewerb und der Wirkung von Wettbewerb auf das Innovationsverhalten einzelner Unternehmen.

Das Verständnis der Branchenstruktur in Form der fünf Kräfte ist für die effektive strategische Positionierung wichtig. Für die Strategie ist es grundlegend, sich gegen die Wettbewerbskräfte zu wehren und sie zu Gunsten des eigenen Unternehmens zu gestalten. Porter gibt in diesem Zusammenhang eine optimale Positionierungsstrategie, indem er sagt, dass die optimale Position in einer bestimmten Branche dort ist, wo es hohe Eintrittsbarrieren gibt. In der Folge haben die Lieferanten und Käufer eine geringe Verhandlungsmacht, es gibt wenige bis keine Ersatzkräfte, es existiert wenig bis keine Bedrohung durch potentielle Marktteilnehmer und die bestehende Rivalität ist gering.

1.2.3 Analyse von Kunden und Zielgruppe

Das Ziel der Kunden- und Zielgruppenanalyse ist die Gewinnung eines tiefen Verständnisses für die eigene Zielgruppe mit Bedürfnissen und Kaufmotiven, um zielgerichtete Marketingmaßnahmen zu entwickeln.

Im Rahmen der Zielgruppenanalyse wird die Gesellschaft nach verschiedenen Merkmalen wie Alter, Geschlecht, Einkommen, Beruf und Interessen eingeteilt. Es wird jeweils das Kaufverhalten untersucht und Benutzerprofile können erstellt werden. Da sich die Präferenzen und Hintergründe ständig ändern können, sollte die Zielgruppenanalyse als kontinuierlicher Prozess angewandt werden.

Die spätere Marketingstrategie basiert dann auf der Abstimmung des Produktes auf das ausgewählte Zielgruppensegment.

Die spätere Kundenanalyse beschreibt die zielgerichtete Analyse der Kundendaten mit Betrachtung des Kaufverhaltens und Messung der

Zufriedenheit, mit der Absicht, zentriert und personalisiert mit den Kunden zu interagieren.

Der Kundenlebenszyklus dient als Instrument, um die einzelnen Kundenbeziehungen zu verdeutlichen. Differenziert wird dabei zwischen Interessenten, Neukunden, Bestandskunden, inaktiven Kunden und ehemaligen Kunden. Während die Interessenten zu gewinnen und die aktiven Kunden zu binden sind, sind die passiven Kunden Bestandteil des Rückgewinnungsmanagements.

Der Wert eines jeden Kunden gibt an, inwiefern ein Kunde zum unternehmerischen Erfolg beiträgt. Dabei wird in Anlehnung an Umsatz, Bindung und Potential gemessen, wie profitabel die einzelnen Kunden sind. Die ABC-Analyse clustert die Kunden dabei nach ihrer Stärke auf Basis des Umsatzes. Das Kundenportfolio gliedert den Kundenstamm nach Entwicklungs-, Premium-, Abschöpfungs- und Problemkunden zur Beurteilung der eigentlichen Bindung. Zuletzt ist das Scoring-Modell zu nennen, welches für jeden Kunden einen eigenen Score ermittelt, um die Potentiale in Form der Kaufwahrscheinlichkeit und der Affinität darzustellen.

1.2.4 Wettbewerbsstrukturanalyse

Um in der eigenen Branche zu überleben, oder diese zu erobern, ist eine Analyse der Wettbewerbsstruktur unabdingbar. Das Verständnis über die Konkurrenz schafft die Entwicklung einer wirkungsvollen Marktstrategie, da die resultierenden Portfolios ein übersichtliches, visuelles Modell ergeben.

Dazu werden in der operativen Analyse Konkurrenzprofile erstellt mit Informationen über Umsatz, Management, Produkt, Qualität, Angebot, Marketing, Service, Kundenbewertung etc. Anhand der quantitativen und qualitativen Kriterien sollen die Produkte und Aktivitäten überwacht werden, um schnell auf Veränderungen im Marktumfeld reagieren zu können. Kurzfristig kann damit die Wettbewerbsposition verbessert werden.

Langfristig wird hingegen auf die strategische Analyse gesetzt, welche sich auf die Untersuchung der Marktkonstellation konzentriert. Dazu werden marktbestimmende Erfolgsfaktoren herausgearbeitet und für das eigene Unternehmen sowie für die Konkurrenten gewichtet. Es kann der stärkste Wettbewerber herausgearbeitet werden. Mit der Ressourcenanalyse können die Unternehmensressourcen dann mit dem stärksten Konkurrenten abgeglichen werden. Inkludiert werden finanzielle, informelle, menschliche, organisatorische, physische und rechtliche Ressourcen. Auf diese Weise können die Potentiale des Wettbewerbers und des eigenen Unternehmens aufgedeckt werden. Dabei sind die materiellen Ressourcen für den Produktionsprozess grundlegend, während immaterielle Ressourcen als Wertetreiber der Unternehmen gelten.

Desto mehr Konkurrenten in die Analyse einbezogen werden, desto detaillierter kann die Wettbewerbssituation ausgearbeitet werden. Zu berücksichtigen sind dabei auch die Größe, Qualität und Besetzung des Marktes sowie exogene Faktoren.

Für die Bildung eines strategischen, ressourcenbasierten Vorteils im Wettbewerb gelten die vier Bedingungen: Wertschaffung, Einmaligkeit, eingeschränkte Imitierbarkeit und fehlende Substituierbarkeit.

1.2.5 Szenarioanalyse

Die Szenarioanalysetechnik ist dazu da, mögliche Zukunftsszenarien zu entwickeln, um die Unternehmen auf die möglichen Entwicklungen der Zukunft vorzubereiten und daraus die bestmöglichen Entscheidungen zu treffen.

Im Rahmen der Durchführung werden mögliche Zukunftsereignisse konstruiert und dessen Auswirkungen in Form eines Trichters auf das Unternehmen dargestellt. Das Trendszenario bildet dabei in der Mitte des Trichters den Startpunkt, mit der Annahme, dass die bestimmenden Faktoren und Umweltbedingungen unverändert bleiben. Im Zeitverlauf werden dann die positiven und negativen Extremszenarien eingeführt. Zudem kann ein Zielszenario hinterlegt werden.

Die Analyse erfordert zunächst eine Festlegung des Problems und den sich daraus ergebenden Aufgaben. So können anschließend die Einflüsse ermittelt werden, die das Szenariofeld beeinflussen. Am Ende dieser Phase werden der Trend und mögliche Szenarien ermittelt, interpretiert und bewertet.

Die jeweiligen Einflüsse können dabei mithilfe einer Vernetzungstabelle visualisiert werden, bei der die einzelnen Faktoren gegenübergestellt werden. Dabei wird untersucht, ob und inwiefern ein Faktor sich auf die anderen Faktoren auswirkt. So können aktive sowie passive Wirkungen in einer Einflussmatrix verglichen werden. Dies ermöglicht eine Selektion der relevanten und ausschlaggebenden Einflussfaktoren.

Eine plausible Szenariobegrenzung hat den Hintergrund, dass die Faktoren und deren Entwicklungen sehr unterschiedlich und komplex ausfallen können. Daher legt eine effektive Szenarioanalyse lediglich vier bis acht Szenarien zugrunde.

In der späteren Interpretation und Bewertung werden die Wahrscheinlichkeit des Eintretens eines Szenarios und die sich daraus ergebenden Chancen und Risiken betrachtet. Ist ein angestrebter Erfolg nicht realisierbar, so muss eine Anpassung der gewählten Zielstrategie erfolgen.

2 Überwachung und Risikoprüfung

Nach dem Risikomanagement folgt die Überwachung und Risikoprüfung. Hierbei handelt es sich um einen fortlaufenden Prozess, bei dem die identifizierten internen und externen Risiken, denen ein Unternehmen ausgesetzt ist, in ihrer Entwicklung überwacht und geprüft werden.

Die Prüfung erfolgt mittels messbarer Indikatoren, den sogenannten Key Risk Indicators (KRI), wodurch die Risiken kontinuierlich überwacht werden können. Wenn ein KRI den vordefinierten Schwellenwert überschreitet, wird dies als Signal für ein erhöhtes Risiko verstanden und es folgen entsprechende Untersuchungs- und Steuerungsmaßnahmen.

Die Dokumentation und Berichtserstattung gewährleistet, dass relevante Informationen und ergriffene Maßnahmen zur Risikominimierung festgehalten und kommuniziert werden können.

2.1 Compliance Management

Das Compliance Management konzentriert sich auf die Gesetze, Verordnungen, Weisungen und ethischen Standards und sorgt für die Einhaltung von internen sowie externen Vorgaben. Das Compliance Management System ist der Geschäftsleitung unmittelbar untergeordnet und unterliegt der Berichtspflicht. Zur konzentrierten Aufgabenerfüllung kann das System auch auf andere Funktionen und Stellen zurückgreifen. Die Ansiedelung und Funktion richten sich dabei nach Unternehmensgröße sowie nach Art, Umfang, Komplexität und Risikogehalt der Geschäftsaktivitäten.

Die ordnungsgemäße Handhabung erfolgt über sieben Bausteine: Die Grundlage des Compliance Management Systems liegt in der Schaffung einer Compliance Kultur mit dem notwendigen Mitarbeiterverhalten. Dann wird das Themenspektrum festgelegt, indem die zu erreichenden Compliance Ziele definiert werden. Weiter werden die Compliance Risiken identifiziert und bewertet, wobei eine laufende Aktivität angepeilt wird. Auf dieser Basis werden anschließend die Grundsätze und Maßnahmen eingeführt und in Kombination dessen erfolgt die Festlegung von Verantwortlichkeiten, Ablauforganisation und Ressourcen. Die betroffenen Mitarbeiter werden über ihre Rollen informiert. Zuletzt muss die Wirksamkeit und Angemessenheit überwacht werden und Verbesserungen sind zu treffen.

Um die Regelkonformität im Unternehmen sicherzustellen, werden für das Compliance Management System im Unternehmen entsprechende Maßnahmen, Strukturen und Prozesse eingerichtet. Der gewählte Compliance Offer unterstützt bei der Einhaltung von gesetzlichen, regulatorischen und ethischen Anforderungen. Zugleich sorgt der Befugte dafür, dass sich alle Mitarbeiter an die Regelungen halten. Um seinen Aufgaben gerecht zu werden, hat der Compliance Officer ausreichend Befugnisse und einen uneingeschränkten Zugang zu allen notwendigen Informationen. So sind ihm auch die Weisungen und Beschlüsse der Geschäftsleitung mitzuteilen.

Die Notwendigkeit des Systems und des Compliance Officers steigen dabei angesichts neuer Technologien und Veränderungen im Unternehmensumfeld.

2.2 Interne Revision

Bei der internen Revision handelt es sich um eine unternehmenseigene Stelle, die sich mit der Prüfung von unternehmensinternen Vorgängen und Prozessen beschäftigt. Sie nimmt vor allem eine prüfende und beratende Stellung für die Geschäftsführung und den Vorstand ein und unterstützt mit ihren Tätigkeiten bei der Erreichung der Unternehmensziele. Ein Mehrwert soll dabei in erster Linie durch die Bewertung, Verbesserung und Einhaltung der internen Disziplin geschaffen werden.

Die interne Revision verfolgt drei Hauptfunktionen. Mit der Vertrauensfunktion geht es um die Überwachung der ordnungsgemäßen Einhaltung von Prozessen und Regeln. Die Präventivfunktion dient der Verhinderung und Aufdeckung von Handlungen und Verhalten, die dem Unternehmen schaden. Die Informationsfunktion hat das Ziel, eine Prozesstransparenz zu schaffen und Führungskräfte so bei Entscheidungen zu unterstützen.

Daneben wird die interne Revision als Teil des betrieblichen Steuerungs- und Überwachungssystems gesehen, da sie alle Prozesse und Vorgänge auf Ordnungsmäßigkeit prüft. In diesem Bezug soll die Stelle Ineffektivitäten, Unregelmäßigkeiten und Manipulationen aufdecken.

Die Beurteilung von Effizienz und Sinnhaftigkeit strategischer Maßnahmen inklusive der Umsetzung im Unternehmen basiert auf insgesamt sechs Audits mit Finanzen, Kreditvergabe, Sicherheit, Qualität, System und Prozess.

Eine laufende Überwachungstätigkeit, auch als Monitoring bezeichnet, stellt dabei sicher, dass das Unternehmenssystem grundlegend funktionsfähig ist und Mängel eliminiert werden. Zusätzlich zu diesem kontinuierlichen Monitoring sind Sonderprüfungen vorgesehen, die gezielt bei Anzeichen von Krisen oder potenziellen Gefährdungen durchgeführt werden. Sonderprüfungen haben das Ziel, kritische Situationen schnell zu erkennen und präventive Maßnahmen einzuleiten, bevor die Probleme eskalieren. Diese Prüfungen dienen also als zusätzliche Sicherheitsmaßnahme und sollen dem Unternehmen helfen, in unvorhergesehenen Situationen schnell und angemessen zu reagieren. Das Ziel

ist in jedem Fall die Aufdeckung von Handlungsbedarf im Unternehmen mit der Treffung fun-
dierter Entscheidungen auf Basis bereitgestellter
Informationen. Mit der Erstellung des Prüfbe-
richts sind nachgestellte Betrachtungen möglich.

2.3 Risikocontrolling

Das Risikocontrolling soll die Unternehmensexistenz gewährleisten, indem es die risikorelevanten Sachverhalte prüft. Bei der Kontrolle geht es dabei um die fortlaufende Überwachung der einzelnen Risikopositionen. Im weiteren Sinne umfasst das Risikocontrolling damit die Betrachtung des gesamten Risikomanagementprozesses.

Die Kontrolle wird für verschiedene Objekte und in verschiedenen Phasen durchgeführt, sodass eine breite Palette an Einsatzgebieten existiert. Durch die Gegenüberstellung der realisierten Vergleichsgröße mit der ursprünglichen Plangröße wird ersichtlich, welche Risiken sich realisiert haben.

Die Balanced Scorecard ist ein Kontrollinstrument, um eine Strategie in realistische Handlungsanweisungen umzusetzen. Die Gesamtkapitalproduktivität inkludiert die Finanz-, Prozess-, Personal- und Kundenperspektive und soll alle Risiken anwendungsbezogen erfassen. Dazu werden pro Vision messbare Vorgaben und Zielkennzahlen notiert und in ihrer maßnahmeorientierten Entwicklung verglichen. Um Schnittstellen aufzudecken, werden die Risikofunktionen in die bestehende Unternehmens- und Organisationsstruktur integriert.

Zu den wesentlichen zwei Risikocontrolling-Kennzahlen gehören die Wirtschaftlichkeit und der Prozesskostensatz.

$$Wirtschaftlichkeit = \frac{Output}{Input}$$

Die Wirtschaftlichkeit steigt mit zunehmend erbrachten Leistungen bzw. Erträgen und sinkenden Kosten. Sie ermittelt das Verhältnis zwischen Output und Aufwand und kann in allen vier Versionen der Kapitalproduktivität angewandt werden.

$$Prozesskostensatz\ (durchschnittliche\ Kosten\ pro\ Prozess) = \frac{Gesamtkosten}{Anzahl\ durchlaufender\ Prozesse}$$

Der Prozesskostensatz ist für die Gestaltung der innerbetrieblichen und abteilungsübergreifenden

Abläufe ausschlaggebend. Mithilfe der relativen Bezugsgröße können die Kostentreiber identifiziert werden. Dabei kann sowohl die Anzahl an durchlaufenden Prozessen als auch die zeitliche Beanspruchung berücksichtigt werden.

Darüber hinaus können alle Kennzahlen, die aus dem Risikomanagement abgeleitet werden, in ihrer Entwicklung beobachtet werden. Wurde eine Zielgröße festgelegt, so kann ein Soll-Ist-Vergleich stattfinden.

$$Abweichung = Sollwert - Istwert$$

Eine nicht gewünschte Abweichung ist zu erkennen und zu beheben.

2.4 Krisenmanagement

Das Krisenmanagement setzt sich systematisch mit einer Krisensituation auseinander. Dabei zielt das Management darauf ab, Vorbereitungen für potentielle Schadensereignisse zu treffen und diese entsprechend zu bewältigen und nachzubereiten. Die Phasen werden im Kreislauf dargestellt.

Im ersten Schritt gilt, dass die anfallenden Risiken kommuniziert und präventioniert werden. Weiter wird ein Krisenplan erstellt, nach welchem die Prozesse angepasst und notwendige Ressourcen für die spätere Bewältigung bereitgestellt werden. Nach dem Eintreffen des prognostizierten Ereignisses folgt die Bewältigung der Krise. Dazu wird zunächst ein Lagebild erstellt. Es folgen entsprechende Einberufungen und Kommunikationen, um operative Maßnahmen zu treffen. Diese werden evaluiert, um die finale Krisenbewältigung zu planen. Es resultiert eine finale Lageanpassung.

Die Ziele hinter der Krisenvorbereitung und -bewältigung sind der Schutz von Mitarbeiter, die

Sicherstellung der Geschäftskontinuität, die Minimierung finanzieller Verluste und die Erhaltung des Unternehmensimages. Damit stellt der Kreislauf im dynamischen Unternehmensumfeld den langfristigen Erfolg sicher, insbesondere wenn der Prozess abschließend evaluiert wird und Strategien für die Zukunft angepasst werden.

Unterstützt werden kann das Krisenmanagement durch eine regelmäßige Bewertung möglicher Risiken mit der Erstellung eines detaillierten Krisenmanagementplans, indem die Verantwortlichkeiten klar definiert sind. Ein Kommunikationsplan kann dazu beitragen, dass Informationen zur anstehenden Krise schnell und präzise an die zuständigen Abteilungen und Personen weitergegeben werden können. Schlussendlich trägt ein gut durchdachtes Krisenmanagement dazu bei, dass flexibel und wirksam auf unvorhergesehene Herausforderungen reagiert werden kann.

3 Strategieentwicklung

Nach der Identifikation von internen sowie externen Risiken und der Risikoprüfung gilt es, entsprechende Strategien zu schöpfen.

Die Entwicklung einer Strategie stellt die Kernaufgabe eines jeden Unternehmens/Managements dar. Mithilfe der strategischen Anwendung soll der Ist-Zustand zum Soll-Zustand gewandelt werden. Dies soll unter der Abwehr von Risiken geschehen.

Konkret bezeichnet die Strategie ein Marktverhalten, welches sich an die langfristigen Unternehmensziele ausrichtet. Dabei wird pro Geschäftseinheit eine strategische Grundlage geschaffen, um der allgemeinen Unternehmenspolitik gerecht zu werden. Inkludiert werden dabei stabile Handlungsmuster, welche die grundlegende Unternehmensausrichtung definieren und das Verhalten von Unternehmen und Mitarbeiter reflektieren, mit dem Ziel, ein konkretes Handeln umzusetzen. Dabei werden sowohl die internen als auch auf die externen Faktoren berücksichtigt.

3.1 Produktlebenszyklus

Der Produktlebenszyklus beschreibt die Entwicklung eines Produktes von der Markteinführung bis hin zum Marktaustritt. Die gesamte Zeit wird dabei in Anlehnung an Umsatz und Gewinn in fünf Phasen eingeteilt.

Die Phase der Markteinführung beginnt mit dem erstmaligen Angebot zum Verkauf. Die Phase ist sehr kostenintensiv und endet, sobald erste Gewinne realisiert werden.

Es schließt die Wachstumsphase an. Der Bekanntheitsgrad des Produktes steigt und die Nachfrage steigt. Die Produkte beginnen bei wachsenden Umsätzen steigende Gewinne zu erzielen.

Mit der Etablierung des Produktes erreichen die Produkte in der Reifephase ihren Umsatzhochpunkt. Neben den Gewinnen steigt nun auch der Konkurrenzdruck.

Die Sättigungsphase wird erreicht, wenn der Markt gesättigt ist und demzufolge kein weiteres Marktwachstum erreicht wird. Die Gewinne sinken.

Abschließend folgt die Phase der Degeneration. Die fallenden Umsätze bringen keinen Gewinn mehr und der Marktanteil sinkt. Das Produkt gilt als veraltet und wird i. d. R. vom Markt genommen.

Mithilfe der Analyse, wo sich ein Produkt im Produktlebenszyklus befindet, kann ein Unternehmen entsprechende Maßnahmen abstimmen, um eine ertragsreiche Entwicklung zu fördern oder eine verlustbringende Phase zu verkürzen.

3.2 SWOT-Analyse

Die SWOT-Analyse stellt ein zentrales Instrument zur Erarbeitung einer Strategie dar. Die Abkürzung ist dabei auf die folgenden Aspekte zurückzuführen: Strenghts (Stärken), Weaknesses (Schwächen), Opportunities (Chancen) und Threats (Risiken).

Die Aufgabe der SWOT-Analyse ist es, die Stärken und Schwächen der internen Unternehmenspotentiale mit den Chancen und Risiken der externen Umwelt zu kombinieren, sodass eine Vier-Felder-Matrix resultiert. Das Ziel besteht darin, herauszufinden, ob das Unternehmens- bzw. Produktvorhaben bei den gegebenen externen Prozesseinflüssen erfolgsversprechend ist. Darüber hinaus wird die Eignung in Bezug auf die unternehmensspezifischen Faktoren untersucht.

Die SWOT-Analyse ist für die Unternehmen unumgänglich, wenn es darum geht, richtige Entscheidungen im Kontext einer Unternehmensstrategie zu treffen. Die Komplexität steigt dabei mit zunehmenden internen und externen Abhängigkeiten. Zu den internen Strukturen zählen das

Produktportfolio, die Innovationskraft, die Strukturen und Prozesse, das Know-how, die Kommunikation sowie die finanzielle Stärke. Der Markt mit seiner externen Perspektive betrachtet die Segmente, Technologien, Kaufkraft, Kundenbedürfnisse, Wettbewerber, Barrieren, Gesetze und Kooperationspartner.

Nicht selten erfolgt die SWOT-Analyse in Kombination mit der externen Unternehmensanalyse. Hierbei wird die Wettbewerbssituation mithilfe der Portfolio-Anwendung analysiert und zwar unter Einbeziehung der Konkurrenten. Es werden die Dimensionen der Marktattraktivität und Wettbewerbsposition berücksichtigt. Erstes basiert dabei mehr auf den gegenwärtigen und zukünftigen Entwicklungsmöglichkeiten, die sich aus der Markt- und Umfeldanalyse ergeben. Zweites ist hingegen auf die Unternehmens- und Wettbewerbsanalyse zurückzuführen.

Es gilt, die einzelnen Kriterien der zwei Dimensionen hinsichtlich ihrer Relevanz zu gewichten und bezüglich ihrer Erfüllung zu bewerten. Für die endgültige Wertberechnung wird die Gewichtung mit der Bewertung des jeweiligen Kriteriums multipliziert. Anschließend werden die

Punktwerte zu einer Gesamtzahl addiert, miteinander ins Verhältnis gesetzt und in einer Matrix fixiert.

Das Ergebnis ermöglicht eine Unternehmensplatzierung in dem Portfolio-Raum und gilt als Ausweis für die Ist-Situation. Abschließend kann festgehalten werden, wo sich das Unternehmen zukünftig aufstellen soll. Die Ziel-Position wird damit definiert und mögliche Strategien für das Innovations- bzw. Investitionsvorhaben können abgeleitet werden. Für eine bessere Visualisierung und realistische Abwägung können die Konkurrenten mit in die Matrix aufgenommen werden.

3.3 Ansoff-Matrix

Die Ansoff-Matrix, auch Produkt-Markt-Matrix genannt, dient der strategischen Produktplanung und unterstützt das Wachstumsziel der Unternehmen. Dabei wird eine Matrix zugrunde gelegt, welche zwischen bestehenden und neuen Produkten sowie zwischen dem bestehenden und neuen Markt differenziert. Aus der jeweiligen Kombination aus Produkt und Markt lassen sich Wachstumsstrategien ableiten.

Die Ansoff-Matrix bietet eine gute Hilfestellung, für Unternehmen die wachsen möchten. Ohne ein entsprechendes Wachstum würde ein Unternehmen schnell von der Konkurrenz eingeholt und vom Markt verdrängt werden. Das Wachstum kann dabei entweder durch neue Produkte oder durch die Anpeilung neuer Märkte erfolgen. Hintergrund ist eine Marktdurchdringung mit dem Zugewinn neuer Marktanteile mithilfe eines verstärkten Absatzes.

Der Marktdurchdringungsgrad gibt dabei an, wie viel Prozent des Kundenmarktes beherrscht werden und wie groß in Folge das Potential zur Gewinnung neuer Kunden ist.

Marktdurchdringungsgrad =

$$\frac{\textit{Anzahl eigener Kunden}}{\textit{Anzahl potentieller Kunden am Markt}} * 100$$

Ist ein hoher Marktdurchdringungsgrad erreicht, kann das Unternehmen durch Produktinnovationen und Produktvariationen sein Angebot erweitern und seine Attraktivität steigern. Bei einer vorliegenden Marktsättigung kann nach neuen Absatzmärkten für bestehende Produkte gesucht werden.

Die Strategie der Diversifikation setzt auf neue Produkte in neuen Märkten. Die horizontale Ebene setzt dabei auf eine Erweiterung der Wirtschaftsstufe, die vertikale Diversifikation vertieft die bestehende Wertschöpfungskette und die laterale Erweiterung konzentriert sich auf ein neues Geschäftsfeld, welches sich von der bisherigen Geschäftstätigkeit gänzlich löst.

Der Erfolg der Entscheidungen des Managements kann mit dem Marktwachstum bemessen werden.

$$Marktwachstum =$$
$$\frac{Zusätzliches\ Marktvolumen}{Marktvolumen\ der\ Vorperiode} * 100$$

Die Marktwachstums-Kennzahl gibt an, inwiefern sich das Marktvolumen gegenüber der Vorperiode verändert hat. Das Wachstum kann sowohl positiv als auch negativ sein.

Zur längerfristigen Betrachtung kann die CAGR hinzugezogen werden.

$$Formel\ Compound\ Annual\ Growth\ Rate$$
$$(durchschnittliche\ jährliche\ Wachstumsrate) =$$
$$\left(\frac{Endwert}{Anfangswert}\right)^{\left(\frac{1}{Anzahl\ der\ Perioden}\right)} - 1$$

Weiter kann der relative Marktanteil herangezogen werden, um den Marktanteil pro Produkt zu bewerten.

$$Relativer\ Marktanteil = \frac{Marktanteil\ des\ eigenen\ Produkts}{Marktanteil\ des\ größten\ Konkurrenzproduktes} * 100$$

Erklärung:

Marktanteil: Der Marktanteil gibt an, welchen tatsächlichen Anteil ein Unternehmen mit seinem Produkt oder seiner Produktgruppe am gesamten Marktvolumen einnimmt. Er zeigt, wie stark ein Unternehmen im Vergleich zu seinen Wettbewerbern auf dem Markt vertreten ist.

Marktvolumen: Das Marktvolumen ist die gesamte realisierte Nachfrage nach einem Produkt innerhalb eines bestimmten Marktes. Es stellt die tatsächliche Verkaufsmenge aller Anbieter dar und gibt dem Unternehmen eine Orientierung darüber, wie viel Absatz für das Produkt im Moment möglich ist.

Marktpotential: Das Marktpotential beschreibt die theoretisch maximale Absatzmenge eines Produktes auf einem bestimmten Markt unter optimalen Bedingungen. Dabei werden wirtschaftliche Faktoren wie Kaufkraft und Nachfrageverhalten eibezogen. Es berücksichtigt das mögliche Wachstum und die Erschließung neuer Nachfrage und bietet daher eine Prognose für die künftige Marktgröße.

Marktkapazität: Die Marktkapazität zeigt die theoretische Aufnahmefähigkeit des Marktes, wobei die Kaufkraft nicht berücksichtigt wird und gibt damit die höchstmögliche Absatzmenge eines Produktes auf einem bestimmten Markt an.

3.4 Blue-Ocean-Strategie

Ein blauer Ozean definiert einen Markt, der noch nicht erschlossen ist und eine Nachfrage sowie ein profitables Wachstum verspricht. Nicht selten werden neue Ozeane weit außerhalb der bisherigen Branchentätigkeit erschlossen, wo der Wettbewerb noch keine große Rolle spielt und Spielregeln noch nicht existieren.

Zur Blue-Ocean-Strategie zählt, dass das Unternehmen unbestrittenen Marktraum schafft, der die Konkurrenz irrelevant macht, neue Nachfrage schafft und erfasst sowie den Kompromiss zwischen Wert und Kosten durchbricht. Damit wird das gesamte System darauf ausgerichtet, die Aktivitäten der Organisation bei geringen Kosten zu differenzieren.

Für den unternehmerischen Erfolg sind die folgenden Fragen ausschlaggebend: Welche Faktoren, die die Branche als selbstverständlich erachtet, sollten eliminiert werden? Welche Faktoren sollten deutlich über den Branchenstandard hinaus angehoben werden? Welche Faktoren können geschaffen werden, die bisher nicht existieren?

Zur Unterstützung können strategische Geschäftsfelder definiert werden. Diese resultieren aus der Kombinationen von Produkt und Markt. Für jedes Feld werden individuelle Kriterien definiert, um eine konkrete Abgrenzung zu den übrigen Geschäftsfeldern zu schaffen. Auf dieser Basis können einheitliche Strategien bezüglich der Marktbearbeitung entwickelt werden. Das Ziel ist die Schaffung eines komparativen Vorteils gegenüber der Konkurrenz des gleichen Geschäftsfeldsegments. Mit den Strategiefeldern soll es jeder Organisation ermöglicht werden, neue blaue Ozeane mit minimalen Risiken und maximalen Chancen zu erschließen.

Im Zentrum des strategischen Zentrums sollte nicht ausschließlich der Konkurrenzkampf stehen. Die Konzentration sollte sich mehr auf den Nutzengewinn für den Käufer konzentrieren. Damit werden von dem Unternehmen alle Faktoren infrage gestellt, die beim Wettbewerb in einer Branche wichtig sind.

4 Abschluss

Zur Sicherstellung und Wahrung der unternehmerischen Wirtschaftlichkeit hat ein Unternehmen seine internen und externen Risikofelder zu untersuchen. Anschließend ist eine Risikoprüfung und -überwachung einzuführen, bei der Führung einer auf das Unternehmen und dessen Umfeld abgestimmten Strategie.

Doch damit ist es nicht getan. Um auf den grünen Zweig zu kommen oder zu bleiben, ist es unabdingbar, dass das Unternehmen seine Analysen fortsetzt und auf ein ständiges Risikomanagement vertraut. Der im Buch dargestellte Leitfaden kann demzufolge als Kreislauf verstanden werden, in dessen Rahmen fortlaufende Anpassungen der Strategie möglich sind.